UN AMOR SIN LEY

Silvia Vaquero

EDITORIAL

Poesía...
eres tú.

Un amor sin ley

Primera Edición 2025
© *Silvia Vaquero es Silvia Cubeles Vaquero 2025*
http://www.silviavaquero.wordpress.com/

© *Editorial Poesía eres tú.*
https://poesiaerestu.com
C/Dr. Fleming Nº50, 4ºD
28036 Madrid
Teléfono: 34 91 345 38 17
Fax: 34 91 350 80 54

ISBN: 979-13-87806-02-6
Depósito Legal: M-11001-2025

UN AMOR SIN LEY

SILVIA VAQUERO

A Carlos, mi peor condena.

1

Encerrados,
privados de libertad.
En el calabozo más oscuro
y maloliente.
También así
nos amaríamos
de la manera más ferviente.
Esposados, detenidos.
También así
nos querríamos.
Nos buscaríamos las manos
hasta con los dientes.

2
ORDEN DE ACERCAMIENTO

Ojalá fuera
estar juntos
por obligación.
Sin separarnos ni un milímetro.
Que un juez nos impusiera
tener que estar cerca.
Muy cerca el uno del otro.
Tan cerca
que tu piel se confundiera
con la mía.
Con la amenaza
de tener que ir a prisión
si incumplimos la petición
de acercarnos.
Sabiendo que iremos
a la cárcel
si no acortamos distancias.
Jamás lejos.
Obligados a estar pegados,
enganchados. Un mismo tacto.
Sin poder alejarnos.
Siempre tu mirada en mi mirada,
mezclando pupilas,
retinas que se acarician,
ojos que juegan sin detenerse.

3

El denunciante
CARLOS CUEVAS SISÓ
y la denunciada
SILVIA CUBELES VAQUERO.
Nuestros nombres en mayúsculas,
unidos en un papel
que nos separa, que nos enfada,
enfrenta, apuñala, une, retuerce,
grita, junta, nos hiere, nos quiere.
O nuestros nombres en mayúsculas
en una hoja ahí tirada que no dice nada.
Nuestros nombres
una y otra vez en mil folios.
Tu nombre y el mío
insistiendo en estar juntos.
No hay lugar donde no aparezcamos.
Los haces trizas, los tiras
a la basura, y de nuevo vuelven
a emerger. Brotan como flores.
Carlos y Silvia. Silvia y Carlos.
Cuevas Sisó. Cubeles Vaquero.
No pueden dejarse en paz.
Me quieres y te quiero.
Alguien un día nos encontrará
rebuscando en un contenedor
o en un cajón,
y descubrirá
que hubo un tiempo
en el que estuvimos locos
el uno por el otro.

4

Denunciar,   amar,
Encarcelar,   liberar.

Te quedaste
en el lado izquierdo,
olvidaste el derecho.
No ves que es
una misma mano
la que me quiere.
No es tan solo una.
Con las dos me buscas.
Tienes tierra en todas tus uñas.

5

Tu nombre va a por mí.
Lo tengo detrás. En la nuca.
Carlos Cuevas Sisó.
Y no me suelta,
y no me suelta, y no me suelta.
Me has manchado de sangre
y voy ensangrentada viva.
Por más que me limpie la camisa
tú no sales. Tú no sales.
No sales de mí.
No me sueltas. No me sueltas.
Luego aparece el mío,
seguido del tuyo,
los dos juntos en cien mil páginas.
No nos soltamos.
Yo, tozuda en ser como yo soy.
Tú, tozudo en ser como tú eres.
Y una década se nos ha ido así.
¿Cuándo aprenderé de ti?
Lo intentaré,
pero es difícil esto de amarnos
solo como tú quieras.

6
A TU MANERA

Tú te niegas a amarme bien
e insistes en amarme mal.
Me quieres a tu manera.
Una manera rara, mala, cobarde, complicada,
peligrosa.
Yo te dije que te vinieras a la mía.
La mía era buena, salvada
normal, fácil y atrevida.
No quisiste. Nunca quieres.
Ha de ser a tu manera,
como tú quieras,
como tú digas.

7

Som iguals,
meitat i meitat.
Estem fets l'un per l'altre,
però tu ets més tossut que jo,
em guanyes.
Vindràs quan tu vulguis.
I he d'esperar-te.

No et puc esperar,
sempre aquí quieta i sola,
de braços creuats,
deixant el temps passar.
Hi he d'anar.
Trobar-me amb tu per Gràcia.
Tornar-te a mirar.

8
MI VÍCTIMA

Tú eres mi crimen
perfecto.
Te mato.
Me mancho de ti,
de tu sangre,
y tu sangre toca mi piel
y me traspasa.
Me delatas.
Soy una asesina
sin escapatoria.
Solo me queda confesarme.
Sí, lo he hecho y lo he disfrutado.
Una y otra vez te querría a ti
y solo a ti
de víctima.
Mi rubio de ojos verdes.
Con esa cara de
no haber roto nunca un plato.
Solo eres tú mi cadáver favorito.
Tú. Solo tú. Mi mejor delito.

9

Atada a esta cama.
¿Cómo he acabado así?
Las horas pasan tan lentas.
Tiempo, más tiempo, para
los poemas que se piensan.
Todo es culpa tuya. Todo es culpa mía.
Oh. Otra pastilla que volver a escupir.
Nada se arregla así.
Qué duro este destino.
Nos ha hecho encontrarnos
para después castigarnos.
Me fugaré. Saldré de este hospital.
Iré a por ti, aunque eso esté mal.
Ni médicos, ni doctores,
ni enfermeras, ni psiquiatras
entienden este amor.
No sirve ninguna medicación.
No existe suficiente contención.
Las cuerdas no consiguen contener esta pasión que vuela.
Mas insisten en prohibirte y más quiero probarte.
Eres mi arte. Ellos qué saben.
Solo repiten lo que dije. Repiten lo que oyen.
Lo transforman y lo trastornan
a su antojo, y de ello sacan un informe.
Qué lento pasa el tiempo aquí sin ti.
Voy a fugarme. Volveré a encontrarte.
Como el adicto. Como el loco.
Volveré a colocarme. A drogarme.
Volveré a mi locura.
Que se me vaya la cabeza por ti.

10

Els tres amics.
Un diumenge de bon matí
passejant per Gràcia van.
La parella i el solitari
que els acompanya.
De sobte, fan un salt.
Sorpresa!
Qui hi ha? Qui és?
I em mires.
Et tinc al davant.
El destí ens fa coincidir.
Crits. Córrer. La passió xocant.
Ens estem estimant.
Els teus ulls sempre m'ho diuen.
I ja vull tornar-te a veure.
I ja et vull sentir.
Que es facin els focs artificials
—nosaltres—
en el nostre encontre.

11

Quiero encontrarte
y reencontrarte.
Quiero verte
y volver a ir a verte.
Quiero sentir la adrenalina
en las venas.
Quiero acercarme a lo prohibido.
Que sea un riesgo amarte. Y correrlo.
Que sea un atrevimiento quererte.
Y ser valiente.

12

Siempre estamos corriendo.
Corriendo en el Born.
Corriendo en Gràcia.
Siempre nos queremos
con fuego en los pies.
En las manos. En los ojos.
Tacto. Olfato. Vista.
En las orejas. En la voz.
Fuego en la boca. En el sabor.
En la mirada.

13

Si verte es saltarme la ley,
entonces me la saltaré.
Voy a desobedecer
a fiscales y a jueces.
Voy a perderme en tus ojos verdes,
a adentrarme en tu mirada
aunque solo sea durante unos segundos.
Voy a ir a tu encuentro.
Voy a hacer que el destino
nos haga coincidir.
No puedo quedarme escuchando
otra canción, esperando otro día.
Lucharé por ti.
Voy a ir a buscarte,
a mirarte, aunque solo sea
fugazmente.

14
thanK you aIMee

Una estatua de una prostituta con
las gafas de Bea la fea, con
el brazo levantado o chupando fresas.
El asco era extremo.
Era tanto el asco.
Te queríamos muerta, matada.
Pero te tenemos que dar las gracias
porque solo nos has reforzado.
Nos has unido más.
Que te jodan y gracias.
Gracias.
Cada vez que intentaste hacernos mal
solo nos juntaste más.
Yendo a periódicos a inventar
barbaridades, quitando trabajos,
acechándonos hasta con sus amigos pedorros,
y con sus saltos,
riéndose. Un asco insuperable.
Pero te lo tenemos que agradecer
porque cada vez que quisiste jodernos
solo nos hiciste amarnos más.
Cuando miramos hacia atrás lo vemos.
La verdad es que no estaríamos tan bien
si no fuera gracias a ti.
Nos queremos tan intensamente, y es gracias a ti.
Si tú no hubieras estado
no nos amaríamos tanto.
Que te jodan y gracias.
Gracias.

15

Ayer leí sobre dos que eran
como nosotros.
Se denunciaban, se herían,
se querían.
Ella yendo a declarar,
ella siendo condenada,
juicios, juicios, juicios,
y él denunciándola sin parar.
Les vi y me hicieron gracia.
Se amaban empezando al revés.
Me recordaron a ti y a mí.
Dos locos como tú y yo.

16
MOSSOS

Mossos. Mossos. Mossos.
Venen cap a mi.
Corrents cap a mi.
M'agafen pels braços. Em detenen.
Mossos venen cap a mi. Els mossos.
Ens parlem. Ens diuen. Ens veuen.
Ens miren.
Ara ja saben qui som.
Ens reconeixen.
La comissaria del Carrer d'Iradier.
Els del districte de Gràcia.
Tots ja ho tenen clar.
El què? Que ens estimem.
Mossos. Mossos. Mossos.
Els mossos de tot arreu
i els de més enllà.
No es pot dissimular.
Tots ho saben. Saben que aquest amor
és un amor boig, i pur, i que ens
travessa la carn.

17
ALTA POR FUGA

Ya estoy harta de jugar a las cartas,
al parchís, al dominó, al uno, a la oca.
La comida está buena
pero necesito estar ya
en casa con mi móvil,
contigo en la pantalla.
Lo planeo en mi cabeza.
Mi mente lo decide.
Yo sola hago el puzle.
Me escapo.
Salgo del hospital
para no volver.
Han sido quince días de abril.
Me has robado un trozo
de primavera.
Te has quedado en mí.
Quieres que no,
y así solo es un sí con más fuerza.
Me doy a la fuga.
Salgo. Soy libre. Estoy fuera.
Y vuelvo a enfermarme, a recaer.
Vuelvo a nosotros.

18

Tu ets el sergent del meu cor.
El meu caporal.
El mosso que em deté.
El meu jutge. El meu fiscal.
La meva presó. El meu hospital.
El meu psiquiatra.
L'advocat acusador.
Tu ets la meva condemna.
I la meva llibertat.

19

Ets la garjola, el calabós.
O ets el jardí més preciós.
Ets el xèrif del meu oest,
el pistoler,
o la pluja,
la calma,
del meu sud.
Ets contradicció.
Ho ets tot alhora.
Ets el dolor i l'alegria.
Ets la malaltia i la cura.

20
LA PUERTA

Exploté y fui para allá.
Pasaba el tiempo.
Te ibas y no volvías.
Ya no podía más.
Se me fue la cabeza.
Te quería con tanta fuerza.
Y toda esa fuerza
se plasmó en esa puerta.
Todo el amor
y la rabia de no tenerte,
el dolor de no tocarte,
la impotencia,
querer que volvieras,
la verdad en el sentimiento,
todo, todo, todo
quedó reflejado en esa puerta.

21

Quiero quitarte el miedo,
que vengas,
que no tengas temores
que te atrapen.
Que salgas al fin de tu soledad
y me abraces, y me beses.
Que me hables y me digas
que me quieres.
Pero es tan difícil.
Has avanzado medio camino.
Te falta la mitad.
Me das canciones, libros,
series y películas,
pero tan solo estás
amándome detrás
de una pantalla.
Te falta quitarte media máscara,
enseñar tu rostro, dejar de esconder
tu cara.
Te falta salir de tu coraza, dejar de
ser la tortuga, empezar a avanzar
con velocidad y llegar hasta mí,
no con el cristal,
sino con tus manos.

22

Hoy he estado a punto de ir.
He salido de Mataró.
Ya estaba en Barcelona.
Ya estaba cerca de él.
Y luego he pensado: no vayas,
vete de aquí.
No le persigas.
No le acoses.
El amor no es una persecución.
El amor no va hasta tu portal.
Y me he ido y he vuelto a casa.
Te esperaré. Esperaré hasta
que tú al fin quieras.

23

He ido hasta Barcelona.
He llegado a Barcelona.
Y una vez allí
no me he atrevido.
Y me he ido.
Qué miedo.
Qué miedo verte
y que te enfades.
Qué miedo estar cerca de ti,
mirarte,
y que me detengan.
Y acabar en un hospital,
acabar en un calabozo,
acabar detenida,
acabar esposada,
acabar atada a una cama,
acabar encerrada.
Qué miedo acercarme a ti.
Qué miedo.
No quiero que te sientas
acosado, perseguido.
Y me he ido.
He vuelto a casa.
No me he atrevido.
El miedo me ha podido.

24

Es tan alto el riesgo de verte.
Y solo quiero eso.
Verte ni que sea un momento.
Pero, ah, qué alto es el riesgo.
No quiero tener que dar propina.
Que no me salga caro.
Que sea una mirada gratuita.

25

Hoy me ha podido el miedo.
No eres tú el único que tiene miedo.
Hoy lo he tenido yo.
Iba de camino hacia ti
y a medida que me iba acercando a ti
tenía cada vez más y más miedo.
Más me acercaba y más miedo tenía.
El miedo me ha echado.
Hoy ha conseguido expulsarme.
He tenido que irme.
El miedo se ha apoderado de mí.
El temor ha sido tanto
que no he conseguido llegar a ti.
Pero ya vendré otro día.
No dejaré que el miedo me gane.
¿Dejarás tú que te gane?

26
BONNIE & CLYDE

Somos Bonnie & Clyde,
fugitivos
enamorados.
Solo nos tenemos
el uno al otro.
Con sirenas
por latidos.
Tan peligrosos.
Viviendo como queremos.
En constante escapatoria.
Nos amamos así:
armados y contra todos.
Vamos volando
en este coche
y nos da igual
si no llegamos lejos.
Nos da igual
si acaban por encontrarnos.
Qué importa si dan con nosotros.
Ya nos da igual
si nos matan.
Hemos vivido demasiado.
A todo tren, a todo trapo.
Este amor ha pasado a la historia.
Ya somos eternos.

27

Ya iré otro día.
Cuando el miedo no me eche.
Ya iré otro día.
Cuando el miedo no me venza.
Ya iré otro día.
Cuando el miedo no me expulse.
Y llegaré hasta ti.
Te veré. Te miraré. Te veré.
Y tú verás lo mucho que te quiero.

28

Ya entiendo que lo quieres todo
a tu manera.
Todo cuando tú quieras.
Todo cuando tú digas.
Ya entiendo que ahora
no quieres. Que no quieres.
Que será cuanto tú lo desees.
Ya lo entiendo
aunque me cueste.
Porque yo iría corriendo
a disfrutarnos, a vivirnos de lleno,
yo lo haría sin perder ni un segundo,
sin perder tiempo.
Pero es a tu manera,
jamás a la mía.
Todo cuando tú quieras.
Todo cuando tú digas.

29

No voy a ir.
No iré a nada tuyo,
a nada de ti.
No te diré nada tampoco.
Ya entiendo que no.
Ya veo que a tozudo me ganas.
De repente tengo unas ganas,
y quiero darme prisa,
y me impaciento,
ya no puedo esperar más,
quiero ir hacia ti,
y otra vez tú que no, que no, que no.
Tranquilo, ya lo he entendido.
Que no. Que no quieres ahora.
Que solo quieres darme música.
Que vamos a estar así hasta que
tú
digas.

30

Que no és persecució, l'amor,
que això és violència. Mireia Calafell.

El amor no es una persecución.
No golpearé más este muro.
El amor no es una lucha
en la que solo yo me hago daño
y acabo con los
nudillos ensangrentados.
No voy a insistir.
No vale la pena.
El amor no te persigue.
Eso es violencia.
Así que esperaré.
Será cuando tú quieras.
Ya vendrás, y cuando al fin lo hagas
solo espero que no sea
demasiado tarde.
Ya vendrás, y cuando al fin lo hagas
solo espero no haber perdido
las ganas.

31

Haciéndome esperar.
Siempre en una
eterna espera.
¿Hasta cuándo
para al fin un beso?
¿Hasta cuándo para
un abrazo?
Y no puedo hacer nada.
Si voy a buscarte, entonces
te persigo y es violento.
Solo puedo marchitarme
con el paso del tiempo.
Ver pasar los días
contigo ahí a lo lejos.
Solo puedo esperarte
mientras la música suena
y me dice que nos dejas
para más adelante.

32

Será cuando tú digas.
Será cuando tú quieras.
Todo a tu modo. Todo a tu manera.
Yo solo puedo sentarme a esperarte.
No puedo hacer nada,
si quiero acercarme a ti, entonces
aparece la policía en mi casa.
Suena el timbre.
¿Quién es?
La policía otra vez.
En mi puerta.
Las autoridades.
Los cuerpos y fuerzas de seguridad.
Tú gritándome que no.
Que no.
Que no.
No puedo hacer nada. No me dejas.
Tú mandas y así mandas.
Das un golpe en la mesa.
Así que cojo esta silla
y me siento en ella.
Solo puedo esperar.
Será cuando tú quieras.

33

Tú mandas.
Y de qué manera.
Tú decides.
Y de qué manera.
Un sargento
con sus normas y sus reglas.
Doblar tu voluntad es imposible.
A tu mando todo es recto y firme.
Estás al mando
y el barco llega cuando tú lo llevas
a puerto. Para eso eres el capitán.
Tú eres el director
de esta orquesta filarmónica
y ningún violín va a desafinar.
Estás tú al volante
y no te puedo adelantar.
Solo cuando tú dispongas
este amor al fin se hará,
y ahora solo me queda esperar.

34

Te digo: aprovecha el momento,
date prisa,
la vida es muy corta,
vamos a querernos rápido,
que no se nos haga tarde
para amarnos.
Y tú solo quieres ir lento.
Solo me das una canción tras otra.
Siempre detrás de una pantalla
que no me toca.
¿Cuándo estaremos juntos?
¿Cuándo nos damos un beso?
¿Cuándo acaba este tormento?

35
MI ENEMIGO

Dame paz, dame paz, dame paz,
pero tú solo me das guerra.
No me dejas respirar.
Me machacas viva.
Te centras en destruirme
en vez de en amarme.
Eliges ser mi enemigo.
Pistolas en vez de claveles
en tus bolsillos.
Prefieres ir armado.
Flechas en vez de besos.
Me das dolor
en vez de amor.
Tienes tus denuncias,
tus letrados, tus abogados,
tus ganas de hacer daño.
Estás en contra de mí
en vez de conmigo.
Eliges ser mi enemigo.

36

Empezamos por el divorcio,
y la boda después.
Empezamos al revés.
E insistes en divorciarte
una y otra vez de mí.
No seas así.
¿Por qué quieres pelear?
Estar en soledad,
en la oscuridad,
en la sombra.
Ven ya a ser feliz conmigo.
Te veo con los guantes puestos.
Quieres boxear.
Es cansado, es agotador.
Una y otra vez quieres boxear.
Me desgasta
cuando yo solo te quiero besar.

37

Tranquilo.
No voy a ir.
No te voy a perseguir.
No voy a insistir.

Tranquilo.
No me voy a sublevar.
Me subordinas.
Contigo solo puedo claudicar.
Tú llevas la batuta.

Tranquilo.
Va a ser cuando tú quieras.
Te esperaré recostada
en el diván de la impaciencia.

Tranquilo.
Voy a obedecerte.
Qué buena idea.
Podemos escuchar
mil canciones más de las tuyas
durante unos siglos más.

Tranquilo.
No te pongas nervioso.
Seguimos con tu plan de vida
lenta. A tu paso.
No hay prisa.

Tranquilo.
Tú decides. Tú mandas.
Será cuando tú quieras.

38

Eres el director.
Ya tienes el plano
en tu cabeza dibujado.
Es la película más perfecta.
Lo tienes todo controlado
y bien decidido.
Es un film justo con tu justicia.
Tienes a tus letrados
trabajando. No descansan
bajo tu mando.
Estudiaron derecho
para servirte a ti. Son tus
mayordomos. Les lideras a tu antojo.
Conozco tu calle. También tu barrio.
Sé donde vives. Qué tentación.
No sabía si ir.
Ya has golpeado que no.
Llevarte la contraria no es buena idea.
Qué miedo cuando te pones así.
No quiero ninguna de tus tormentas.
No vaya a ahogarme en tus olas.
Que nos lleve tu marea, Poseidón.

39

¿Cuándo se hará este amor?
Cuando tú digas.
¿Cuándo me besas?
¿Cuándo ocurre la felicidad
más grande?
¿Cuándo sucede
el mejor suceso?
Cuando tú quieras.
Será el mejor día.
No habrá esposas, ni cadenas.
Ni órdenes, ni reglas.
Ni cárceles, ni condenas.
Bailaremos descalzos.
Seremos libres al fin.

40

Quan estarem junts?
Quan un petó?
Quan una abraçada?
Quan?
Quan tu vulguis.
Quan per fi no tinguis por.
Quan per fi escullis
ser feliç.
I deixar d'estar sol
a la pantalla de vidre fred.
Quan per fi t'oblidis
del teu lletrat. I de la llei.
I t'escalfin les meves mans.
Quan deixis de banda advocats
i destrucció.
Quan et treguis les manilles
de temors i siguis lliure amb mi.
Quan demanis apropar-te
i no allunyar-te de mi.
Quan estarem junts?
Quan un petó?
Quan per fi surtis de la teva presó.

41

Ojeras, mala cara,
necesitas besos,
ojeras, mala cara,
tristeza en tus párpados,
te abrazaría con fuerza,
ojeras, mala cara,
balas en el corazón
y la pistola
cargada.
Me estás apuntando.
No te acerques o disparo.
Quieres aire y soledad.
Quieres respirar
y quererme solo como tú quieras,
con tus canciones y tus películas,
en la distancia,
dentro de tu cristal gris.
Me quieres querer así.
Tozudo
e inamovible. Mandando.
El maestro dirigiendo.
Diciendo que ahora no.
Y cuando dices que no
es que no.

42

Quins ulls.
Criden no vull, no vull,
no t'acostis a mi.
Quin mal de cor,
per dins crida que sí,
i tu el calles
amb el teu martell,
a cops,
no, no, i no.
Quins ulls.
Van cometre el delicte
de mirar-me.
No tenen petons.
Quina pena. Els condemnes
a la soledat.
No vols, no vols.
Tranquil. No penso insistir,
ni perseguir,
no aniré cap a tu,
no et diré mai res més.
No puc lluitar contra el teu mur
de pedra.
Queda't a l'aire, i fuig. Vola lluny.
I que no et torni a veure.
Que mai més et miri.
Els teus ulls
són la meva sentència de mort.

43

¿Tú qué sabrás?
Si no vives en esta jaula. Mikel Izal.

Qué mirada tan triste.
Tus ojos en tu cárcel.
Qué solo que estás.
Qué destrozado
por el paso del tiempo
y la soledad.
Te duele no querer.
Te duele decir que no.
Qué pena verte entrar
en tu propia prisión.
Estás muy mal por culpa
de ti mismo
y de tu negativa a besarnos ya.
Quieres estar más tiempo
escondido detrás de
tus canciones, desde lejos.
Siempre lento.
Qué daño te haces.
Lo he intentado con todas
mis fuerzas. Romper los barrotes
y sacarte de tu jaula. Es imposible.
Te quedas ahí dentro.

44

Tranquilo
que ya no te diré nada más,
ya no voy a insistir,
ya no te voy a perseguir,
no voy a ir a buscarte,
no voy a ir a verte,
no voy a luchar más
contra tu pared de soledad.
Yo quiero velocidad y tú eres lentitud,
yo ya quiero besarte ya
y tú solo quieres estar en un cristal,
ya quiero acercarme a ti
y tú me empujas lejos.
Si es así como quieres quererme
—solo y tras la pantalla—
pues quiéreme así.
Si es así como quieres quererme
—en la distancia, lenta y pausadamente—
pues quiéreme así.
Solo mandas tú aquí.
Solo tú manejas el tiempo.
Ya estaremos juntos
cuando tú quieras.
Ya nos haremos el amor
el siglo que tú al fin decidas.

45

And run, like you'd run from the law,
darling, let's run,
run from it all.
Taylor Swift & Edward Sheeran.

Date prisa, corre,
sal de la pantalla,
vamos a amarnos en persona,
que este amor al fin se haga cuerpo
a cuerpo, cara a cara,
vamos a abrazarnos ya,
vamos a besarnos ya,
El tiempo pasa.
Los años se nos van.
Date prisa, corre,
el coche ya está en marcha,
iremos a toda velocidad,
como si tuviéramos a la policía detrás,
como si escapáramos de la justicia,
cantando en el coche, felices,
pieles encendidas,
caricias como disparos
en mitad de la noche,
nadie nos encontrará.
Pero gritas: no, no, no.
Frenas de golpe mis intenciones.
Qué aguafiestas.
Tú quieres tardar, quieres ir lento,
estar así siglos,
estar así más años,
amarme desde lejos,
seguir encerrado en la pantalla
intocable y gris,

sin hablar, sin vernos,
y jamás besarnos.
¿Y así hasta cuándo?
Ya nos salen arrugas,
ya tenemos canas.
Pierdes tu tiempo en un amor virtual
que no quieres hacer real.

46

Por fin todo estaba bien,
y ya estás otra vez.
Por fin todo estaba en paz,
y ya vuelves a empezar.
En marzo compré la entrada
porque quise ir a verte,
entonces corriste a denunciarme
junto con tu abogado,
no me dejaste entrar en el teatro,
me echas, me expulsas, me haces daño,
el dolor me golpeó en el alma,
entonces yo corrí hacia tu casa,
fui a buscarte y ahí estabas
con tus gritos y tus espadas,
y así acabó marzo,
y así empezó abril,
los dos corriendo por Gracia,
la policía y la ambulancia
me dejaron en el hospital.
Luego llegó mayo
contigo queriéndome lejos,
pediste que no me acerque
a ti ni a menos de mil metros,
y ahora estamos a junio
y me quieres en prisión,
esa es tu misión:
encarcelarme.
Herirme. Dolerme. Dañarme.
Destrozarme. Sí. Destrozarme.
Se nos van los meses sufriendo.

Solo me pregunto cuándo acaba
todo este dolor, cuándo termina
este tormento, cuándo quitas
tu navaja de mi garganta.
Si ya me lo has robado todo.
Si ya no me queda nada.

47

¿Cuántas condenas tienes para mí?
Ya hice una conformidad
contigo hace cuatro años.
Acepté la condena de los hechos que reconocí.
Ahora no sé si tengo
que volver a aceptarlo
y volver a reconocerlo.
Hacer otra conformidad contigo de nuevo.
Si ahora tienes para mí otra condena.
Si de nuevo es una nueva condena
que también tengo que aceptar.
Si es la condena eterna.
No sé cuántas veces me quieres condenar.
Cuando termina una
ya tienes otra que empieza.
Yo solo quiero estar contigo ya,
besarte ya, abrazarte ya,
y se nos va el tiempo
con tu tortura condenatoria.
Pierdes el tiempo condenándome.
¿Otra condena que aceptar?
No hay presunción de inocencia.
No hay impunidad, ni piedad.
Contigo jamás quedo absuelta.
No soy inocente. Es verdad.
Una y otra vez soy culpable
de amarte.
¿Cuántas condenas tienes para mí?
No sé cuántas veces me quieres condenar.
No sé por qué eres así.

48

Por fin era libre.
Por fin estaba fuera.
Navegaba en barco,
surcaba las olas
del mar Pacífico,
el viento me despeinaba,
oh, qué alegría,
olía a la calma
que trae consigo el salitre.
Por fin era libre.
Cumplí con mi condena.
Se abrían las puertas.
Era libre. Lo era.
Un caramelo en mi boca.
Qué poco duró su sabor.
¿Otra condena?
Por favor, no.
Ya cumplí con una
y ahora me harás cumplir con otra.
De ti ya me espero cualquier cosa.
Por fin me quitaba las esposas,
las cadenas.
Era libre. Ya lo era.
De pronto, otra vez tú.
Mi juez incansable.
Tú. Una y otra vez tú.
Mi fiscal martirizante.
Tú. Una y otra vez tú.
El abogado acusador torturador.
Tú. Una y otra vez tú.
Tú eres mi peor condena.

49

Cuánta guerra me das.
Qué difícil eres.
Lo complicas todo.
No me sueltas. No me dejas.
Me tienes con la soga al cuello.
La condena ya estaba cumplida
y ahora me harás cumplir con otra.
El procedimiento judicial había terminado
y ahora empiezas otro.
Me has agarrado el brazo.
Me tienes atrapada.
No sé con cuántas condenas
me harás cumplir.
Por fin estoy contenta y feliz, en libertad,
así que decido dar un paso hacia ti,
me acerco a tus labios,
parece que ya voy a besarte,
y ya estás otra vez
poniendo esposas en mis muñecas,
dándome problemas.
Por fin parece que te voy a abrazar
y ya me vuelves a empujar.
Malgastas tanto tiempo
en destruirnos en vez de en
construirnos.
Es una pena.

50

Dice que ha recibido
más de cinco mil emails.
Pues que los borre y punto.
Niñato pesado.
Debe de haberse agobiado.
Si siempre le han gustado
mis emails.
Ahora todo le agobia. Está arisco.
Intratable. Intratable. Intratable.
Ya no le voy a decir nunca nada más.
Ya no voy a ir nunca al teatro a verle.
Ni a su calle.
Ni a su portal. Ni a ningún sitio.
Ya no iré a buscarle.
Ya no voy a luchar más por él.
Simplemente que el dolor
judicial acabe.
Si tengo que cumplir condena
otra vez
la cumpliré con tal de que el
nuevo procedimiento termine.
Si tengo que hacer otra conformidad
la haré con tal de que acabe
el nuevo proceso que ha abierto,
que básicamente solo
consiste en él haciéndome daño.
Solo quiero ponerle fin al dolor.

51

Se nos ha ido una década
amándonos, peleándonos,
corriendo, esperando,
las lluvias, los incendios,
el frío, el calor,
el agua, el fuego,
la tierra, el aire,
el cielo, el infierno.
Queriéndonos así,
con la piel ardiendo,
con tus canciones, tus libros,
tus películas, tus condenas,
los lloros, las risas,
tus sentencias, mis delitos,
tus mandamientos.
Una tormenta de emociones.
Ni Liz Taylor y Richard Burton
se odiaron tanto.
Ni Bonnie y Clyde
sufrieron tanto.
Qué intenso.
Lo hemos vivido casi todo.
Casi todo.
Nos falta lo más importante:
¡Besarnos!
El día que al fin seas valiente,
el día que quieras atreverte,
el día que ya no tengas miedo,
el día que al fin quieras
sentirme en los labios,
ese día ya lo habremos vivido todo,
ese día ya no nos faltará nada.

52

And when I fell hard, you took a step back without me.
Taylor Swift.

Qué relación tan tortuosa.
Ya no voy a luchar más.
Mas me acerco a ti,
más fuerte siento,
más te tiras hacia atrás,
más te alejas de mí.
Cuando mejor va todo,
lo empeoras.
Eres un problema con patas.
Por fin bien y lo estropeas.
Ya hubo una primera herida
y ahora la segunda.
La curaré para que no tarde
en cicatrizar.
No estaré más años
sufriendo por tu culpa.
No quiero tu disparo
en mi sien.
A partir de ahora
todo será como tú quieras,
como tú digas.
Aceptaré todas tus condenas,
acataré todas tus normas
y todas tus reglas,
haré lo que mandes.

53
DISPAROS

Todos estos disparos,
esta sangre que corre,
esta pistola con la que me apuntas,
tu navaja en mi garganta,
tu cuchillo de carnicero en mi yugular,
toda esta persecución que me haces
con cien coches patrulla de la policía,
las tres mil denuncias,
todas estas ganas de encarcelarme
y de condenarme a cadena perpetua.
Todo este daño desmesurado.
¿Por qué tanto dolor?
Simplemente por comprar una entrada
para ir a verte al teatro ya te pones así.
Solo por querer mirarte.
Solo por intentar acercarme a ti.
Solo por amarte.

54

En marzo quise intentarlo.
Preparé la fiesta sin recordar
que eres un aguafiestas.
Iré a verte al teatro.
Con ilusión y alegría.
Lo intenté.
Compré la entrada.
Quise acercarme a ti.
Para allá que fui.
Y acabé escaldada.
Ni un paso me dejas dar.
Bajas la barrera.
He aprendido la lección.
Qué mandón.
Ya no haré nada sin tu permiso antes.
Jamás volveré a ir a buscarte.
Será cuando tú quieras.

55

Denunciándome,
condenándome.
Ya se te ha olvidado
que querías empujarme
en caliente.
Ya has olvidado
como querías tenerme
sentada en tu cara.
Eso dijiste. Eso escribiste.
Denunciándome,
condenándome.
Ya no recuerdas
de qué manera me deseabas.
Ahora estás tratando de
dispararme. No bajas las armas.
Ahora me alejas,
pero hablabas
de tenerme cerca,
cerca de tu boca.
Tardas demasiado.
No te duelas.
No te atrases.
Cuando dejes de hacerte daño
a ti mismo verás todos tus sueños
cumplidos.

56

Solo por querer verte,
por intentar verte,
por ir a verte,
por intentar acercarme a ti
me castigas, me condenas,
me empujas, me alejas,
me denuncias, me disparas.
Solo por querer verte
ya te enfadas.
Gritas un no bien fuerte.
Te pones así
solo por querer verte.
No puedo hacer nada
sin tu permiso.
Precipitarme a ti es precipitarme al
vacío.
No puedo adelantarme,
impacientarme.
He de esperarte, obedecerte.
Este amor está en tus manos.
Solo tú tienes la llave
de tu boca, de tus labios,
para al fin poder besarnos.
Este amor solo se hará
cuando tú quieras.

57

Als meus malsons
et crido: afanya't!
t'estimo!
ja hem d'estar junts ja!
ja ens hem de veure!
parla'm ja!
I tu em crides: ara no vull!
ara no vull! ara no vull!
espera't!

Als meus somnis
m'agafes per les cames,
me les obres,
i et tinc agenollat,
em menges,
em beus,
m'ho fas, sento en mi
la teva llengua,
per fi ja no he d'esperar.

58

Ya estás otra vez
aquí detrás de mí
con tu pistola cargada,
apuntándome,
queriendo dispararme.
Miedo me das.
Tampoco es para tanto.
No es para ponerse así.
Ya quieres denunciarme,
ya quieres alejarme,
ya quieres condenarme.
Todo esto simplemente
por querer verte.
Solo quería verte,
acercarme a ti,
lo intenté y fui allí,
dijiste que no y yo dije que sí,
dijiste que no y te desobedecí.
Pensé que ya era el momento,
llevamos años así,
pero no lo es, no para ti.
Nos estás atrasando.
Nos estás impidiendo.
Nos estás dificultando.
Ya es hora de besarnos, te digo.
Y tú dices: todavía no, no todavía.

59

Acepto todas tus condenas.
Soy reincidente.
No tengo remedio.
Recaigo en mi vicio.
Ya he vuelto a hacerlo.
Ya he vuelto a intentarlo.
Me pides buena conducta
y sin querer ya te he vuelto
a desobedecer.
No aprendo hasta que aprendo
que aquí no soy yo la que mando.
Estoy con las manos arriba.
Me has atracado.
Todo me lo has robado.
El delincuente eres tú
pero me acusan a mí.
Estoy siendo investigada,
ya estoy maniatada,
otra vez condenada.
Solo quería verte
y ya vinieron a
detenerme, a encerrarme.
No debí de haber ido,
si lo tengo prohibido,
pero como siempre me pasa contigo,
quise acercarme a olerte,
y ahora estoy presa
solo por querer verte.

60

Nada que yo pueda hacer
porque no me dejas
hacer nada.
Solo puedo acatar tus normas,
obedecer tus órdenes,
rezar para que no me dispares,
aceptar tus condenas,
y sentarme a esperarte.
Esperarte. Solo puedo esperarte.
Solo tú mandas aquí.
¿Cuándo estaremos juntos?
Cuando tú digas.
¿Cuándo nos besaremos?
Cuando tú quieras.
Ojalá que un día ya no tengas miedo.

61

Eres un criminal.
Tienes las paredes de tu habitación
repletas de fotos mías.
Me has estado vigilando.
Años y años retorcida en tu mente.
Qué obsesión conmigo.
Qué homicidio tan bien planeado.
Lo llevas a cabo.
Es el mejor asesinato.
Te sale perfecto.
Me entierras en un descampado
en el silencio
de la noche. Es tu secreto.
Nadie sospecha de ti.
¿Quién sospecharía de un
actor tan bueno?
Tienes tus coartadas,
tus buenas interpretaciones.
Le harás un papel a los que te pregunten
y te entregarán un Óscar por tu gran
actuación.
Puedes sentirte orgulloso.
Me has hecho ser
tu mejor crimen.
Me has matado con el amor
más fuerte. Y el más oculto.

62

Per fi ja no hi havia cap ordre,
cap obstacle entre tu i jo,
tampoc cap procediment judicial obert,
per fi tot estava bé,
el malson havia acabat.
Per fi feliços,
per fi en pau,
però amb tu la pau dura poc.
Per fi ja havia acabat el dolor
i ja en tornes a causar-me,
obres una nova causa.
Per fi estava contenta,
per fi tot era perfecte,
i ja hi tornes.
Ja tornes a voler
fer-me mal, a allunyar-me,
a condemnar-me.

63

Ni con orden,
ni sin orden.
De ninguna manera
vienes y me hablas y te acercas.
Años de canciones.
Tiempo de música.
Así se nos van los meses, los días.
Las semanas se desvanecen
entre el sonido de tus melodías.
Tu voz me dice que te espere,
que no te persiga, que no te busque,
que ya vendrás cuando tú quieras.

64

Solo por querer verte.
Comprar una entrada
desencadenó el caos.
El simple hecho
de querer ir a verte.
El efecto mariposa.
Por intentarlo,
por acelerar un poco,
por acercarme a ti,
por ir a verte,
solo por
comprar una entrada
me metiste en la cárcel.
Solo por querer ir al teatro
a ver tu función.
Solo por dar un paso
hasta tu corazón
me metiste en prisión.

65

Tú tienes dos pistolas
y yo voy desarmada.
No me dejas hacer nada.
Tú tienes tus condenas,
tus denuncias,
tus sentencias,
tus órdenes,
a tus abogados.
Tú eres el policía.
Tú tienes el poder.
Tú eres quien manda.
Tú tienes la sartén
cogida por el mango.
Tú eres la autoridad.
Este amor solo se hará cuando
al fin ya no tengas miedo.
Solo se hará cuando tú quieras,
solo se hará cuando tú digas.
Este amor solo se hará
cuando tú des el paso.
Este amor se hará cuando al fin
me quites
las esposas que me has puesto.

66

Una quincena en el hospital.
Quince días que pasaron lentos
sin móvil, entre locos
que estaban muy mal.
Jugando a las cartas, al dominó,
al parchís, a la oca, al scrabble y al uno.
Mirando revistas, pintando mandalas
y mirando por la ventana.
Escupiendo la medicación.
Internet en la televisión.
Sonaba Mecano.
Desayuno, comida, merienda, cena
y el resopón. Dos o tres llamadas
a mi padre que no tenía mucho que
contar. Una ducha.
Estuve algo entretenida
y cuando me aburría
pensaba en si me pensabas.
Hasta vi tres películas.
Hice una amiga y un amigo,
los que estaban mejor.
Siempre me llevo algo bueno
hasta de la peor situación.
Me escapé del hospital,
me di a la fuga.
Ya fueron suficientes esos quince días
para darme cuenta de lo mandón que eres y para aprender
que no he de perseguirte.
Saqué a dos personas de esa
experiencia. Viven cerca de mí.

A veces nos vemos, a veces hablamos,
a veces quedamos.
Así estoy menos sola
mientras te espero.
Así no estoy tan sola
mientras te estoy esperando.

67

Por fin todo estaba bien,
y ya tenías que volver
a clavar tu puñal en mi estómago.
Por fin todo estaba en silencio
y ya tenías que ponerte a disparar
en mitad de la noche.
Por fin todo estaba bien,
y ya tenías que volver
a denunciarme.
Por fin ya no había ningún
obstáculo entre tú y yo
y pones uno nuevo.
Por fin la pesadilla había terminado
y ya tenías que empezar con otra.
Por fin llegamos al paraíso
y nos llevas de vuelta al infierno.

68
MIEDO

Me quieres pero tienes miedo.
Me amas detrás de la pantalla
entre canciones y películas.
Se te ve tan cobarde
ahí escondido detrás de un cristal,
queriéndome así,
detrás de una cortina.
¿Cuándo nos besaremos?
Cuando tú quieras.
Cuando tú digas.
Cuando te atrevas.
No voy a ir hasta ti,
no iré a buscarte,
no te voy a perseguir.
Lo harás tú. Vendrás tú a por mí.
Cuando al fin no haya temores
que te frenen.
Cuando tengas el valor que ahora te falta.
Cuando al fin ya no tengas miedo.

69

Vuelves a denunciarme,
vuelves a alejarme,
vuelves a condenarme,
a dañarme, a dolerme,
a apuñalarme.
Nos estás atrasando tanto.
Nos pones en contra del tiempo.
Con lo fácil que sería
besarnos ya
y salir de tu infierno.
Qué difícil lo haces.
Nos estás atrasando tanto.
Parece que estaremos juntos
dentro de cien años.

70

El 2016, ah, qué año.
Empezaba pareciendo amable.
Y qué duro.
En febrero venías. Qué alegría.
De repente, cuánto daño.
Mayo fue lo peor.
48 horas sin ver la luz del sol.
Qué horror.
Aquella jueza nazi, su señoría, que me castigó
con las comparecencias apud acta diarias.
Cada día yendo a firmar al juzgado.
Cada mañana haciendo una hora de ida
en metro
y otra hora de vuelta.
Cada día. Cada día. Fue una pesadilla.
Y no dejabas de denunciarme sin descanso.
Cuánto dolor me has dado,
sobre todo, ese maldito año.
Me machacaste viva.
Me dejaste en los huesos.
Solo espero una buena recompensa.

71

Echaba de menos estar en casa con mi padre,
con mi perra, con mi móvil,
y observarte a ti con tus canciones.
Quince noches en el hospital.
Noches que pasaban lentas
ahí aislada, ahí encerrada
como en un hotel.
Te pensaba.
No sé si pensabas tú en mí.
Y tanto que sí.
Se nota que me amas.
Y me amas de una manera obsesiva.
A veces pienso que vas a conocer a otra.
Quizás ya no te acuerdas de mí.
Creo que ya me has dejado en paz,
que me ignoras,
pero la verdad es que no me dejas jamás,
y siempre estás pendiente de mí
porque no me olvidas.
No me olvidas.

72

Algunos se casan,
otros tienen hijos,
y tú sigues denunciándome,
y tú sigues alejándome,
y tú sigues condenándome,
y tú sigues haciéndome daño.
Encerrando mi libertad.
Quedándote en soledad.
La felicidad es de color rosa
y la empañas de negro.
Algunos al fin son felices.
Sí. Lo consiguen.
Y tú solo nos estás atrasando
en el tiempo.
Estaremos juntos en otro siglo.
En otra vida.
O nunca.
Parece que no vayamos a lograrlo.

73
MEAN

And all you're ever gonna be is mean. Taylor Swift.

Un día tendré una felicidad completa,
amor, un marido que me ama de verdad,
una familia con niños que ríen,
y tú solo serás maldad.
Puedo verte dentro de veinte años
haciendo lo de siempre,
hablando de mí,
inventando cosas sobre mí,
intentando pisotearme,
pero solo eres la vieja amargada,
patética y sola
a la que nadie escucha.
Solo eres maldad
y eso es lo único que vas a ser siempre.
Solo nos das asco.
Ladrando mientras estamos cabalgando.
Dando risa.
Nos vamos a reír por siempre de ti.
Un día estaremos en la cima
besándonos, contentos,
y tú solo serás maldad.
Seremos tan poderosos,
tan grandes, tan fuertes,
y tú lo único que serás siempre
es el bicho que ya eres.
Nosotros siéndolo todo
y tú siendo nada.

Un día estaremos tumbados
en la cama llorando de la risa,
riéndonos tanto que no podremos
parar las carcajadas,
y lo único que serás tú siempre
es maldad.

74

Todo empezó en 2015
y podría haber terminado en 2015.
Qué rabia el tiempo perdido.
Ya podría haber hecho
la conformidad en 2015,
no en 2020, y me hubiera ahorrado
ir a un psiquiatra, ir a firmar
al juzgado cada día, vivir un calvario,
y estar en una pesadilla cinco años.
La conformidad se podría
haber hecho antes.
Incluso en 2017.
La conformidad se podría
haber hecho mucho antes.
Haberse hecho en 2015,
y tal y como el procedimiento
empezaba habría acabado,
sin dar paso a más años de dolor.
La conformidad se tendría que haber hecho antes. Antes.
Y haberle puesto fin al dolor antes. Mucho antes.
Se tendría que haber hecho antes
la conformidad, y así antes
hubiera terminado esa pesadilla.
Qué pena todo el tiempo perdido
en el daño, en la herida.

75

Diez años de destrozarme
la vida.
Por fin todo estaba bien
y vuelves otra vez a martillearme.
Martilleo constante.
Diez años de machacarme
sin descanso.
Por fin respiro
y otra vez vuelves a ahogarme.
No me dejas en paz.
Por fin acaba la pesadilla
y vuelves a empezar otra.
Tan feliz, pensé en ir a verte al teatro,
con toda la ilusión del mundo
compré la entrada
y ya fuiste corriendo a denunciarme,
a alejarme de ti, a condenarme,
corriendo a destrozarme.
Quiero avanzar, acercarme a ti,
ir a verte, quererte en persona,
y reaccionas apuñalándome.
No me das ni una tregua.
No tengo ni una temporada
de descanso, no me das ni un respiro.
Son diez años. Diez años
en los que solo me has destrozado.

76

Tenemos que estar juntos ya,
besarnos, querernos en persona.
Pasa el tiempo. Me impaciento.
Y voy para allá. Lo intento.
Quiero avanzar.
Salir del estancamiento
de tus canciones en una pantalla
durante años.
Y me acerco a ti. Lo intento.
Tiro una piedra en tu ventana.
Entonces tú la cierras con más fuerza.
Ya he aprendido la lección.
No hay nada que yo pueda hacer.
No me dejas hacer nada.
No me dejas ni dar un paso hacia ti.
Solo puedo esperarte.
Esperaré. Te esperaré.
Solo puedo esperarte.
Esperaré. Te esperaré.

77

Por comprar una entrada.
Por querer ir a verte al teatro.
Por intentar acercarme a ti.
Por querer avanzar.
Todo este apuñalamiento sangriento.
Correr a denunciarme.
Pedir una orden de alejamiento.
Querer condenarme.
Querer encarcelarme.
Este asesinato con ensañamiento.
Este machaque.
Esta persecución.
Este maltrato.
Este dolor. Hacerme este daño.
Todo este horror solo por comprar
una entrada. Solo por querer verte.
Por querer verte me das la muerte.
Escarbo. Salgo de estar enterrada
bajo tierra. Huyo. Qué miedo.
Ya lo entiendo. No puedo hacer
lo que yo quiera por mi cuenta.
No puedo hacer nada sin tu permiso.
No puedo romper tu barrera.
Tengo que quedarme sentada
esperándote.
Ya vendrás. Vendrás solo
y únicamente cuando tú quieras.

78

Des del 2015
destrossant-me la vida.
Només em pregunto
quan acaba aquesta malaltia
i comença la cura.
Et tenia al davant, et mirava,
a Gràcia,
buscava el teu amor,
i em cridaves.
No fas silenci. No hi ha petons.
Passa el temps i sempre és dolorós.
Quan m'agafes de la mà?
Des del 2015
destrossant-me la vida.
Només em pregunto
quan acaba aquesta malaltia
i comença la cura.

79

Aquesta revetlla de Sant Joan
cada petard és un tret al meu cap.
Moro.
Com voldria que fos
la nit més curta amb tu,
per fer-la la més llarga,
però no és així.
La ferida sempre sagna.
No arriba mai la teva tireta.
No puc fer-hi res.
No la puc anar a buscar, no em deixes.
Només puc esperar.
Esperar l'antídot.
Un remei que portaràs tu
quan per fi no tinguis por,
quan per fi ja no t'espanti l'amor,
quan per fi vulguis,
potser d'aquí cent anys quan ja no
estiguis
viu.

80

Compré la entrada.
Iba hacia ti.
Me acercaba a ti.
Te lo dije. Tengo la entrada.
Voy a ir.
Y entraste en pánico.
Te asustaste.
Qué miedo.
Qué cobarde.
Así que corriste
con tu abogado
hacia la comisaría,
corriendo fuiste
a denunciarme,
a alejarme,
a apartarme,
a empujarme.
Tu miedo gana. Te quedas con él.

81

Por fin estaba todo bien.
La pesadilla había terminado.
Y vuelves a denunciarme otra vez.
Vuelves a condenarme otra vez.
Vuelves a destrozarme otra vez.
Cómo necesito ya
un beso tuyo, tu abrazo,
ponerle fin a años de dolor.
Pero tú vuelves a dispararme otra vez.
Un agujero en mi pecho
que cuando al fin parece curarse
vuelves a abrir.
Una y otra vez me haces daño.
Nos atrasas. Me alejas de ti.
Una y otra vez me haces sufrir.
Pero esta repetición termina aquí.
Salgo de tu círculo.

82

Despertarse a las nueve y desayunar.
Comer a la una.
La merienda a las cuatro.
La cena a las siete.
El resopón a las diez.
Entre medias las llamadas a papá,
ducharse,
escupir la medicación,
jugar
y hablar.
Música en la televisión.
Quizás ver una película.
Así pasaron
los quince días.
Me llevé una amiga y un amigo
de la experiencia.
Ahora ya no estoy tan sola.
La quincena en el hospital
tampoco estuvo tan mal,
pero la psiquiatra no consiguió
que te olvide.

83

No me das un indulto,
tampoco una amnistía.
Para mí tú solo tienes condenas.
Solo puedo cumplir la pena
de tener que esperarte.
Cuando acabe este tiroteo
vendrás a besarme.
Cuando ya no estés
manchado de sangre
vendrás a acariciarme.
Cuando al fin dejes
de tener miedo,
de estar asustado,
de estar a la defensiva,
de hacerme daño,
de desgarrarme el alma,
de cometer asesinatos en mi corazón.
Cuando al fin dejes de ser
un cobarde detrás de una pantalla,
un cobarde con una pistola en la mano,
un cobarde dentro de su coraza,
un cobarde en su caparazón.
Vendrás un día.
Un día vendrás sin armas
y con tus labios por bandera.
Yo no iré a buscarte. Si no me dejas.
Me tienes presa.
Me tienes encarcelada.
Ya vendrás.
Ya vendrás cuando tú quieras.
Solo cuando tú quieras.

Sin prisa pero sin pausa.
Ya vendrás cuando tú quieras.
Y cuando al fin vengas abrirás
las puertas de mi celda,
me sacarás de tu cárcel,
me liberarás.

84

El médico forense
me hace un test.
El psiquiatra me hace un test.
Todos quieren saber qué me pasa.
Solo me he enamorado.
Hasta la psicóloga alucinaba con la persecución.
La policía en la puerta de mi casa
cada mes, cada semana.
Qué pasa.
No pasa nada.
Qué revuelo.
Qué tormenta.
Qué circo se ha formado.
Solo me he enamorado.
Solo me he enamorado.
Solo me he enamorado.
Ni que hubiera asaltado
un banco.
Jamás llegué yo a pensar
que enamorarse sería algo tan grave.
Tampoco es para tanto.
Sí. Sí que es para tanto.
Nada es más importante.

85

Cómo necesitaría
bañarme en tus ojos verdes,
en ellos hacer vacaciones,
descansar, nadar, bucear, sumergirme
desnuda y por primera vez
en las piscinas de tus pupilas,
en el mar de tus retinas.
Encontrarte así a ti, ahí dentro,
también desnudo,
sin tu bañador rojo
por culpa de tanta sangre derramada,
dejar de dolernos,
y hacernos el amor en tus ojos.
Noche de pasión
que dura por la mañana,
la salida del sol
nos mantiene enredados,
tu corazón tocando mi corazón,
tu boca en mis pezones,
tu respiración acelerada en mi pecho,
en un ciclón,
lenguas, saliva, dedos, carne,
hambre y sed, piel inacabable,
saborearnos, mirarnos, vernos,
escucharnos, olernos,
tacto resbaladizo,
es lento, es rápido,
la libertad en la cárcel de nuestros cuerpos,
disfrutarnos, despiertos.
Ojos abiertos.
Pero los cierras.

Estás con tu bañador rojo, a lo lejos.
No te acercas.
Los cierras.
Y no puedo obligarte a abrirlos.
Los cierras.
Y solo puedo esperar a que los abras,
y solo los abrirás cuando tú quieras.

86

Et volia veure a Canet de Mar.
Vaig comprar una entrada.
T'ho vaig dir. Vaig a veure't al teatre.
Fins i tot et vaig enviar l'entrada. Hi aniré.
Llavors, vas entrar en total estat de pànic. Quina por. Quina
por.
Quina por.
Vas anar corrents amb el teu advocat
a la comissaria de Carrer d'Iradier
a denunciar-me, a allunyar-me,
a voler empresonar-me, condemnar-me.
Per fi tot estava bé i un altre cop el malson.
Per fi estàvem tranquils i tornes a denunciar de nou.
Tot això per simplement voler
veure't al teatre. Per fi tot estava bé
i ja tornes a començar, a fer-me mal, a voler ficar-me a un altre
malson.
Tornes a apunyalar-me.
Llavors, vaig anar a Gràcia a buscar-te,
i em cridaves. El ximple del teu amic va avisar als mossos i els
mossos van trucar a l'ambulància que em va deixar a l'hospital.
Allà m'hi vaig passar quinze dies. Quina persecució judicial i
policial. Els mossos d'esquadra cada mes i cada setmana a casa
meva. No em deixes viure.
Per fi respirava i ja m'ofegues.
Vas posar al teu advocat a treballar, a fer escrits.
M'envia molts mails, que no se m'acosti. Tens el que demanes.
Mai més m'acostaré a tu. Mai més et diré res.
Per fi tot estava bé i tornes a apunyalar-me.
M'allunyes de tu. Em dispares.
Ho compliques tot.

Vas massa lent. Massa a poc a poc.
Em claves ganivets als ulls.
M'allunyes de tu. M'allunyes de tu.
Crides: "ara no vull, ara no vull".
Ens endarrereixes.
I no puc fer res més que esperar-te.
Jo només et vull abraçar
i petons tota la nit. Jo ja vull anar cap a tu, que em facis un fill.
Estar junts per fi.
Jo només vull avançar, agafar velocitat.
Però tu ens endarrereixes.
Només ens estàs endarrerint.

87

Un actor me pregunta:
¿Qué te ha hecho Carlos Cuevas?
Se lo cuento y no puede creerlo.

A cualquiera le cuesta creer que lleves
diez años denunciándome sin descanso.
Nadie entiende
por qué no me dejas en paz.

Tampoco conoces a nadie.
Se te ve tan solo.
No me olvidas.

Tampoco entienden
por qué tantas canciones,
tantas películas,
amarme así,
y también alejarme de ti.

El caos que creas.
Lo complicado que eres.
Imanes que se atraen
y se repelen.

Me quieres   pero te asustas.

Nos empujas,   nos separas.

En conclusión:

solo nos atrasas.

88

Hemos robado un banco.
Tenemos el dinero en el maletero.
Escapamos. Es apasionante.
Somos Bonnie y Clyde huyendo.
Después en el motel de carretera
hacer arder las sábanas,
y como cantaba Sabina
que nos den la una, las dos y las tres
mezclados en una misma piel.
No conozco a otro hombre.
Ninguno es como tú.
No conoces a otra mujer.
Ninguna es como yo.
Nos hemos atrapado de por vida.
Ninguno se compara a ti.
Con ninguno te olvidaría.
Tan enamorados
que corremos excitados
—como balas—
en este vehículo
que no nos lleva a ningún sitio.
Te pido que corras,
pero vas tan lento, tan despacio.
Van a encontrarnos.
Pones canciones en la radio del coche.
Te pones a cantar.
No te distraigas o nos pillarán.
No aceleras, no avanzas.
Solo nos atrasas. Solo nos atrasas.
No aceleras, no avanzas.
Solo nos atrasas. Solo nos atrasas.

89

Crides: ara no vull!!
I ets agressiu i violent.
I crides: ara no vull!!
I ho crides donant cops a la taula.
Ara no vull! Espera't!
D'acord!
Però no acaba aquí.
Vas a comissaria i truques
al teu advocat. Estàs nerviós.
Tot ha de ser com tu vols.
I no acaba aquí. Busques
la teva pistola i m'apuntes amb ella.
Fet una fera. Fora de tu.
Com et poses! Què difícil ets.
Què complicat.
Com ens endarrereixes.
Com et poses!
Et poses com un boig. Corrosiu.
Virulent. Aïrat. Encès. Colèric.
Exaltat. Fet una fúria. Irascible.
Traeint foc pels queixals. Acarnissat.
Atroç. Bàrbaric. Sanguinari. Agitat.
Quina por. Quina por.
I ho crides ben alt i ben fort:
ara no vull! Espera't!

D'acord. Tranquil.
Doncs quan tu vulguis.
Ja vindràs quan tu vulguis.
Ja m'espero.
Ja t'espero.

90

Años y años con canciones.
Años y años de lo mismo.
Otra canción y otra canción.
Siempre detrás del cristal gris
de tu pantalla.
Ya no aguantaba más y pensé
en ir a verte al teatro.
Iré a verle, pensé. Qué buena idea.
Ilusionada fui para allá
y me encontré con tu barrera.
Una pancarta gigantesca.
Gritas: ahora no quiero,
has de esperar.
Gritas: ahora no quiero,
has de esperar.
¿Hasta cuándo?
¿Hasta cuándo he de esperar?
¿Cuándo nos abrazamos al fin?
Me haces esperar hasta otro siglo.
No sé hasta cuándo.
Nos atrasas en el tiempo.
No sé si me harás estar así
—entre canciones, desde lejos—
más años.
Más años. Más años.
¿Cuánto tiempo más así?
Gritas: ahora no quiero, has de esperar.
Y no sé hasta cuándo he de esperar.

91

Películas y películas
y películas y más películas.
Películas. Películas. Películas.
Y más películas.
Pasa el tiempo. Son años así.
Ya quiero avanzar, ir hacia ti.
Me recibes con un machete.
Me expulsas de tu lado.
Me persigues con tu abogado.
Me persigues con la policía.
Estás con una pistola, tirando tiros al
aire. Es peor que la escena
de un crimen. Montas un circo.
Ya me citan para tomarme declaración
y solo quiero decir que solo quiero
aceptar tu condena para
que el dolor acabe cuanto antes.
Ya quieren que declare
y solo quiero decir que solo quiero que
termine ya el daño que me haces.
El tiempo se nos va así.
Solo veo cómo nos atrasas.
Me empujas, me alejas, me tumbas.
No quiero ahora, espérame, me dices.
Ahora no quiero, has de esperarme.
Los minutos están llorando siempre.
El tiempo llora. Los meses lloran.
Solo veo que nos atrasas.
No quieres ahora y me pides que te espere
hasta a saber cuándo.
Solo veo que nos atrasas.

92

Tranquilo que ya no iré a nada tuyo.
Tranquilo que ya no voy a verte.
Tranquilo que ya no te envío nada.
Tranquilo que ya no voy al teatro.
Tranquilo que ya no voy a Gracia.
Tranquilo que ya no te digo nada más.
Tranquilo que ya no voy hacia ti.
Tranquilo que ya te espero.
No vaya a ser que me metas en prisión
por no hacer lo que pides.
No vaya a ser que me encarceles
por no hacer lo que tú quieres.
Tranquilo que ya te espero.

93

Siempre estás corriendo.
O gritando. O huyendo.
Siempre me estás alejando,
torturando, martirizando.
Siempre con tus películas y tus canciones,
pero sin acariciar mi cuerpo.
El deseo se derrite en la pantalla
y querría tocarte, pero lo dejas
para más tarde.
Calientas el aire, pero lo dejas
para luego. Te demoras demasiado.
Subes la temperatura, pero lo dejas
para después.
Ya tendríamos que estar juntos.
Ya me tendrías que estar
besando.
Tic-tac. Tic-tac. Tic-tac.
Empujas al tiempo.
Siempre
      nos
        estás
              atrasando.
Qué condena. A qué tortura me sometes.
Corre que nos hacemos viejos.
Llegan los treinta y desde los veinte
que me tienes entre tus dedos.
Tic-tac. Tic-tac. Tic-tac.
Empujas al   tiempo.
Siempre nos estás   atrasando.
Tengo que esperarte y te esperaré.

94

El jutge vol que declari.
No tinc res a dir.
Només vull que el mal acabi.
Quin dolor. Sembla que no tingui fi.
Quants anys de patir.
Quina condemna és estimar-te.
Temps de cançons i denúncies.
Trets i música. Pel•lícules i manilles.
El desig et crema i et congela.
M'acostes. M'allunyes.
Quina presó és aquest amor,
i quina llibertat tan solitària.
Acaben els mesos i les setmanes.
Marxen els minuts i els dies.
Vinga, un petó.
Dius: "ara no vull, espera't".
Ens estàs endarrerint tant.
Sempre tot com tu vulguis.
Sempre com tu diguis.
Sempre he d'esperar-te.

95

Su señoría no sabe qué hacer
ante esta situación
tan alarmante,
y eso que no he matado a nadie,
ni he atracado a alguien,
pero enamorarse así es grave,
no hay indulto posible,
quizás acabe en prisión,
la fiscal ya prepara su acusación,
no tengo absolución,
perciben que no soy inocente,
en mi cara se nota que soy culpable
de amarte.
No hay sobreseimiento de la causa.
El caso no se va a archivar
porque tu abogado tiene
las pruebas del delito,
las pruebas de este deseo intenso,
de este amor tan pasional.
Pruebas irrefutables.
Pruebas que son evidencias.
Estoy sentenciada.
Tan enamorada que no puedo exiliarme.
No puedo escapar de ti.
Solo me queda aceptar
la condena que me pongan.
Esperarte es como estar en una cárcel.
Nos has alejado hasta a saber cuándo.
Nos atrasas tanto.
Nos vamos a besar tan tarde.

Y solo puedo esperarte en esta celda
de barrotes oxidados
con un agujero en el suelo por lavabo
mientras tú, pájaro lejano,
me cantas que vendrás
más adelante.

96

Tiempo entre condena y condena.
Tiempo entre canción y canción.
Tiempo que se nos ha ido
y ya no vuelve.
Tiempo que podría haber
sido de los dos.
Tiempo entre denuncia y denuncia.
Tiempo entre película y película.
Tiempo que has malgastado.
Tiempo que has perdido.
Tiempo que podríamos haber pasado
juntos.
Tiempo y tiempo y más tiempo.
Tiempo me pides.
Tiempo entre el deseo y la batalla.
Tiempo entre la violencia y la ternura.
Tiempo. Tiempo me pides.
Tiempo tengo que darte.
Si voy hacia ti me empujas.
Tranquilo que no iré a buscarte.
No quieres probarme. No todavía.
Tiempo tengo que darte.
Solo puedo esperarte.
Ya llegará el día
de tu lengua en mi columna vertebral,
de tus manos en mi piel.
Ya llegará el día y lo esperaré.

97
VIS A VIS

Denúnciame después de cantarme Yellow de Coldplay.
Condéname después de dedicarme Big Fish.
Vuélveme loca.
Muérdeme la boca.
Hazme el amor salvajemente.
Fóllame en este vis a vis.
Que tu lengua toque mi clítoris.
Haz de mi vida un tornado.
Giremos los dos en él.
Para siempre atrapada en tu piel.
Dime que te espere y lo haré.
Cuando salgas de tu cárcel aquí estaré.

98
DESCANSA EN PAU

Catifes vermelles,
premis,
rodatges i revistes.
Et creus un gran home,
Però et mires al mirall i què veus?
Ets un monstre.
Qui t'estima no et fa res d'això.
El que m'has fet no té nom.
Ets un monstre,
un monstre,
i ho has destrossat tot.
Sort
que ja estàs
mort.

99

Eres mi peor juez,
mi peor fiscal,
mi peor abogado,
mi peor condena.
Eres mi acusación
y yo soy tu defensa.
Te entrego mi corazón
y tú lo encierras en prisión.
Eres el peor castigo
para este amor sin ley.
Le quitas la libertad
a este amor sin ley.

ÍNDICE